Renier-Fréduman Mundil

Ein KESSEL Bunte GeDichte

Bunte 3 – Januar und August

Renier-Fréduman Mundil

Ein KESSEL Bunte GeDichte

Bunte 3
Januar und August

Für

Meine Schwester Gabi

EinLeitung oder
AnFang ohne Ende oder
AnLeitung ohne EinFang….(vom Ende?)

Zumindest ich kann mich wieder deutlich erinnern, als die Wäsche noch in einem großen Kessel, der zudem vorher mit Holz angeheizt werden musste, gewaschen wurde. Übrigens auch die damals üblichen Stoffwindeln. Es konnte in diesem Kessel-Durcheinander passieren, dass das Sonntagshemd neben der Stoffwindel brodelte, spätestens bei diesem Anblick wurde mir bewusst: die Natur ist nichts anderes als ein riesiger Kreislauf, der sich als echtes Perpetuum ständig dreht.
Solche großen Kessel wurden auch zu Gulaschkanonen; spätestens jetzt, wo Waschkessel von Waschmaschinen und Kochkessel von Hightech-Kochtöpfen abgelöst sind, wird deutlich, das Wort Kessel ist heutzutage ein gefährliches: Wir hören von Kesselschlachten, Einkesseln, Krieg eben, der zumindest das Wort **Kessel** wieder modern gemacht hat.
Vermutlich wird in anderen Teilen dieser großen Perpetuumkugel Erde wieder in großen Kesseln – wegen des biologischen Kreislaufs möglicherweise

in denselben – abwechselnd Wäsche oder Essen gekocht.

Womit der Krieg unverändert zu den Worten führt, denn diese furchtbaren Ereignisse pflegen ohnehin, mit dem Krieg der Worte zu beginnen.

Jetzt heißt es, sich gut festhalten, wir legen uns in eine ziemlich scharfe Kurve, um vom Vorgenannten zu dieser Buchreihe zu gelangen.

Machen wir es abrupt: Sie soll helfen, das Wort **Kessel** fernab von **Kessel**schlacht und **Einkesselung** anders, hoffentlich positiver, zumindest jedoch nachdenklicher, zu besetzen.

1. Im Laufe der Jahre entstanden in meiner Schublade viele Gedichtmanuskripte.

2. Manche schlagen die Bibel oder andere Bücher zufällig auf und hoffen auf diese Weise auf eine Stelle zu treffen, die - ob der zufälligen Fügung - eine Inspiration für sie verbirgt.

1. + 2. => so ist diese Reihe ursprünglich entstanden. Ich habe die vielen Manuskriptseiten zufällig aufgeschlagen und dann einfach hintereinandergeschrieben, was ich fand: Gedichte, unterbrochen von kurzen Aphorismen. Das führt dazu, dass ein Weihnachtsgedicht neben einem Sommergedicht auf- bzw. untertaucht, eben wie im Kreislauf der Natur üblich oder wie in einem großen Kessel – einem Kessel mit Eintopf, wenn es

heißt: tüchtig rühren, Kelle rein, sich überraschen (Pardon, inspirieren) lassen, was auf den Teller kommt.

Ursprünglich war für jeden Monat ein Buch geplant. Auf halber Strecke ging mir damals die Puste aus bzw. sahen mich damals andere unerledigte Dinge derart vorwurfsvoll an, dass ich mich neudeutsch zu einem Break entschlossen hatte und zwangsweise (aber nach dem Zufallsprinzip) zwei Monate miteinander verheiratete. Ich glaube, nicht nur den Monaten täte es gut, einmal zu wechseln und nicht jahrhundertelang immer am selben Nachbarn zu kleben. Gewissermaßen ein Umzug nicht des Ortes, sondern der Zeit.

Die Puste ist inzwischen nicht mehr, aber auch nicht weniger geworden. Die Blicke der anderen unerledigten Dinge sind noch immer nicht im Nirvana verschwunden. Da der Schreibtisch jedoch angenehm dicht an der Heizung steht - der wichtigste Platz in den nächsten Monaten, denn inzwischen ist es draußen ungemütlich nass und kühl geworden - kam es mir in den Sinn, diesen Platz für die nächste Zeit unauffällig zu besetzen, indem jedes Zwangspaar seinen versprochenen zweiten Teil bekommt. Denn versprochen ist versprochen. Wahrscheinlich ist dieser Fortsetzung dasselbe widerfahren wie den vielen Fortsetzungsfilmen. Aus unerklärlichen Gründen erreichen sie nicht mehr das Niveau von der ersten Version. Wie auch, denn dieses abgehobene Niveau ist ja bereits vom ersten Film, der ersten Ausgabe, eben dem Ersten besetzt. Und das Erste hat die unangenehme Angewohnheit, seine Position nicht aufzugeben, sonst wäre es auch kein Erstes mehr.

Außerdem hat mir in der Zwischenzeit keine Nase signalisiert, dass sie wegen der vorangegangenen Bände bereits gestrichen voll ist (wie auch, die meisten Nasen sind jetzt zum anschaulichen Über-laufen mit grau angezogenen Herbsterkältungs-viren gefüllt).

Ebenso hat mir kein zwangsverheiratetes Monats-paar signalisiert, dass es die Auflösung der neuen Beziehung wünscht. Damit habe ich anders als manche Dating-Plattform eine hundertprozentige vermittelnde Erfolgsquote. Besser gesagt, das Aus-losen hat diese hundertprozentige Erfolgsquote, denn darüber kam es zu der „Zwangsverheira-tung" von jeweils zwei Monaten. Logische Konsequenz kann nur sein, dass zukünftig jede Heirat auf dieser Welt nicht mehr von der Tradi-tion oder gar von der Liebe, auch nicht per Dekret durch Eltern oder andere sich erwachsen Wähnen-de, sondern schlicht und einfach durch Losverfah-ren bestimmt wird. Alle dafür in Frage kommenden Milliarden Namen kommen in die größte Lostrommel. Die Armeen werden abgeschafft und die bisherigen Soldaten dazu umgeschult, die riesige Lostrommel zu bauen, sie unentwegt zu drehen, sekündlich tausende von Namenspaaren herauszuziehen, in alle Welt auszuschwärmen, um den jeweils beiden zugelosten Namen die erfreuliche Nachricht zu verkünden und als Startkapital jedem neu-vermählten Paar ein kleines Häuschen zu bauen.

Jetzt wird's zu bunt. Nicht mit den Gedichten. Kein **Ged**icht kann zu bunt werden. Es wird zu bunt mit den **Ged**anken, die sich immerhin die ersten drei Plätze (1.**G**, 2.**e**, 3.**d**) mit dem Gedicht teilen.

Deshalb schnell ein letztes (versprochen!) Nachwort:

Gdicht => GDichT => GeDichTe => Ge(h)DichTe(e) => GehDichTee usw.

Also Gedichte, die sich ans Dich oder ans Ich (**Dich**?) wenden und sowohl beim Gehen als auch im Sitzen zum Tee gelesen werden können.

Und ein netter Unfall (pardon, gedichteter Zufall) wäre es, wenn zwei Personen (das Dich und Ich?) diese Gedichte beim Gehen lesen und deshalb versehentlich zusammenstoßen. Oder fortan den Tee immer gemeinsam trinken. Dann hätten diese Gedichte wenigstens etwas erreicht, zwei sich unbekannte Menschen (wenn auch beim beschriebenen ersten Weg auf ungewöhnliche Weise) zusammenzubringen, durch die Geh-GedichteTee. Pardon, dieser Gedanke ist wegen des inzwischen festgelegten Losverfahren für das Zusammenbringen von zwei Personen nicht mehr aktuell. Allerdings hat die bisherige Einleitung vehement und offensichtlich erfolgreich dagegen protestiert, diesen unnötig gewordenen Gedanken einfach zu streichen.

Keine Angst, Jogging-Gedichte, Renn-Gedichte, Auto-Gedichte sind nicht geplant, sprachlich wohl unmöglich – aber ist dem Gedicht überhaupt etwas unmöglich? Besser wir lassen das, wegen des versprochenen Endes vom Nach, Pardon, vom Nachvorwort.

LDichte Grüße.

PS: Ich bin mir mit dem Versprechen eines abschließenden Nachworts selbst auf den Leim gegangen. Ich bin (aus rechtlichen Gründen?) unverändert noch eine kurze Erklärung zur Zwangsverheiratung der Monate schuldig, falls zufälligerweise ein Polizist, Jurist, der Gesetzgeber oder vergleichbare Personen diese Bücher lesen und über das Wort Zwangsverheiratung stolpern.

Offensichtlich hat sich die diesbezügliche Gesetzeslage (noch?) nicht geändert.

Es wurde wie bereits hingewiesen, die beste, angenehmste bzw. spannendste Zwangsverheiratung (der Monate) vorgenommen, die sich vorstellen lässt. Zugegeben, die Monate wurden vorher nicht gefragt, sie wurden aber auch nicht per Anweisung zur Heirat gezwungen. Nein, alle zwölf Monate kamen in eine kleine Trommel und wurden paarweise gezogen. Gegen ein Losverfahren ist nichts einzuwenden, wie wir gesehen haben auch nicht bei der Verheiratung, sonst müsste das halbe Land verhaftet werden (Auslosung im Fußball, Glücksspiele usw.).

Aber jetzt ist wirklich Schluss und endlich:

Auf ein gutes l(L)os!

Unveränderte Monatsauslosung:

März und November	Bunte 1
September und Oktober	Bunte 2
<u>Januar und August</u>	<u>Bunte 3</u>
April und Juli	Bunte 4
Juni und Dezember	Bunte 5
Februar und Mai	Bunte 6

1.
(K)ein Schwein gehabt

Wir brauchen die Schweine,
Weil wir alleine
Keine Trüffel finden.
Doch munden
Die Trüffel mit einem zarten
Schweinebraten
Noch viel besser.
Man sollte beim Trüffelsuchen eben
Kein Messer
Mitnehmen.

Wir stehen am Abgrund
Und
Denken,
Noch lenken
Oder wegrennen
Zu können.

2.
Verblasste Abfärbung

Wem nie das Meer die Füße leckte,
Wem nie der Wind in Blätter steckte,
Wer nie auf einem Lotusblatt
Im Sonnenschein gebadet hat,
Wer nie auf all den grünen Wiesen
Den Ameisen wurde zum Riesen,
Wer nie auf einem sanften Fluss
Der Nixe abnahm ihren Kuss,
Wer nie an einem Baumstammast
Kopfüber machte seine Rast,
Wer nie auf heißem Wüstensand
Den Hosenboden sich verbrannt,
Wem nie der bunte Regenbogen
Als Kopfschutz diente für die Ohren,
Wer nie auf einer Regenwolke
Mit Creme den Sonnenschein verzollte,
Wem dies alles noch nie beschieden
Ist Nichts, trotz der Natur, geblieben

Wie kann ein Punktverlust
Frust
Bringen?

3.

Augenwandschmaus

An der Wand
Von einem Drei-Sterne-Restaurant
Hängt teurer Dekoschmuck.
Ein optischer Betrug,
Um den Gaumen
Durch optisches Beschauen
Von geschmückten Wänden
Abzulenken.

*Nicht jeder Punktverlust
Bedeutet Frust.*

4.
Unwa(h)re Wahrheit

Vor Gericht
Ist der Verzicht
Auf Wahrheit gang und gäbe.
Es lebe
Der Betrug,
An Wahrheit haben wir genug?

Warum wollen viele im Leben
Als Mittelpunkt am Anfang stehen?

5.
Mee(h)rliebe

Wer
Das Meer
Liebt,
Trägt mit einem Sieb
Wasser zum Strand,
Nachdem das Meer
Leer
Hinter der Ebbe verschwand.

Was ein Joker
Im Poker,
Ist eine Frau
Im Junggesellenbau.

6.
Zwangsgeräumte Eitelkeit

Von der Sohle bis zum Scheitel
Ist der Mensch eitel, hoch eitel.
Doch zum Schluss
Liegt er barfuß
Und haarlos
Im Erdenschoß.

Von der Sohle bis zum Scheitel

Brauchen Gedanken Schranken?

7.
Richtig Verdrehtes

Das letzte Hemd
Kennt
Mehr als eine Tasche.
Eine Flasche
Hat nur eine Tür.
Eine Vier
Ist ein verkehrter Stuhl.
Was heute cool,
Ist morgen out.
Wer glaubt
Noch an den Verstand,
Wenn er sieht, was die Hand
Errichtet
Und selbst wieder vernichtet.

Das Leben ist ein Floß,
Das bloß
Zu klein ist
Und zu schnell fließt.

8.

Mee(h)r-Ich

Wenn ich ein Sandkorn wär',
Küsste mich das Meer
Mit jeder Welle.
Jede Stelle
Von mir wäre mit Salz überzogen.
Am Tag läge ich unter dem Sonnenbogen,
Nachts unter den Sternengefilden.
Mit milden
Zügen kühlte mich der Wind.
Bei Ebbe zerrinnt
Das letzte Nass,
Auf dass
Ich auch trockene Zeiten sähe.
Sicherlich wäre
Ich voller Glück,
Weil mich jeder Augenblick
Mit Sonnenlicht und Sternen Pracht
Anlacht.

*Das Leben
Zu verstehen,
Ist eine Kunst,
Die uns des Himmels Gunst
Trotz allem Fleiß
Selten erweist.*

9.

Der kreißende Lauf

Der Mensch liebt seinen Garten,
Mit einem Eisenspaten
Pflügt er die Erde um.
Er macht den Rücken krumm
Für das scharfe Radieschen
Und für das fleiß'ge Lieschen.
Mit seiner eigenen Jauche
Dünkt er so manchen Strauche,
Alles im Kreislauf ist.
Am Ende wieder fließt,
Was unten kam heraus,
Oben ins Körperhaus.
Dazu braucht's die Natur,
Sie kümmert's keine Spur,
Woher was wieso kam.
Hauptsach': Es macht sie an,
Lässt sie zum Himmel sprießen.
Der Appetit lässt grüßen.

*Fünf vor Zwölf
Ist Fünfundfünfzig nach Elf.*

10.
Krumme Dinge

Das Mäzenatentum
Macht manchen Finger krumm,
Ins rechte Licht zu komm'n.
Hier lässt es sich gut sonn'n
In Ehre und Applaus.
Da macht es auch nichts aus,
Die eigene Billion
Zu teilen, nicht zu schon'n,
Und davon ein Prozent
Für andre als Geschenk.
Es gibt Steuerausgleich
Für Arme und auch Reich.
Was du gespendet hast,
Mindert die Steuerlast.
Kriegst wieder das Prozent
Vom Staat zurückgeschenkt,
Dazu gib's noch die Ehr'.
Was will man denn noch mehr?

*Ein geglücktes Wort
Bläst den Hass fort.*

11.

Gespiegelte Frage

Wenn wir uns spiegeln,
Wer spiegelt dann unser Spiegelbild?
Gibt es ein Schutzschild,
Sich nicht im Spiegel sehen zu müssen?
Und warum wollen wir davon nichts wissen?

Fünf vor Zwölf
Ist zehn vor fünf nach Zwölf.

12.
Eigenes Beschranken

Wir bauen mit eigenen Gedanken
Sicherheitsschranken
In unserem Leben.
Doch gibt es eben
Eisenbahnen,
Die über Unbeschranktes fahren.

*Braucht es Raum
Um einen Zeitpunkt zu schau'n?*

13.

Gut Lachen

Die indischen Languren-Affen
Werden zu mancherlei menschlichem Leid
Mit einer Gottheit
In Verbindung gebracht.
Das macht
Die Umgebung zum Languren-Paradies.
Jeder ist
Verpflichtet, sie zu füttern,
Zu bemuttern,
Zu hegen
Und zu pflegen.
Während die Obdachlosen
Im großen
Elend verbleiben,
Zählen Affen zu den Reichen,
Die sich ohne eigenes Plagen
Den Bauch vollschlagen
Und in den restlichen Zeiten
Reichlich anbetungswürdigen Nachwuchs
zeugen.

*Der Nikolaus begünstigt die
Schuhputzindustrie.*

14.
Rabenmahlzahl

Die Raben
Haben,
Anders als die Schwalben,
Am Galgen
Manches Festmahl.
Je größer die Schar
Der Raben,
Desto lauter die menschlichen Klagen.
Dieses mathematische, tote Gesetz
Wurde zuletzt
Festgestellt.
Leider hat die Welt
Entschieden,
Trotz der damit verbundenen Mühen
Auf der Grundlage von menschlichem
Sterben
Die Zahl der Raben zu vermehren.
So recht erklären
Konnte es niemand,
Doch fast jedermann fand,
Man sei es den Raben schuldig,
Weil sie geduldig –
Auch unter krächzenden Klagen –
Auf bessere Zeiten gewartet haben.

Bevor auf Erden
Noch mehr Tiere aussterben
Sei man bereit, dafür fremde Leben
Herzugeben.
Jeder tödliche Schuss
Sei kein Genuss,
Viel mehr ein unausweichliches Muss
Für den Tierartenschutz.

Der weiße Karibikstrand
Ist gehinterter Fischsand.

15.
Naturkraft gegen Kopfsaft

Ein Fluss fand,
Dass er hinderliches Land
Nicht durch den Verstand,
Sondern durch grobe Kraft
Aus dem Weg schafft.
Doch als er sich immer mehr regt,
Stellten sich Berge in den Weg,
Zwängten ihn ein ums andere Mal
Durch ein unbekanntes Tal,
Um ihn dann über einen Wasserfall
In die Tiefe zu stoßen.
Auch die großen
Berge lassen einfach nur die Muskeln spielen,
Um den gewünschten Erfolg zu erzielen.
Warum ist dem Leben
Ein Kopf gegeben?
Zum Sehen
Und um auf Erden
Auch gesehen
Zu werden.
Zum Abschmecken
Und lecken,
Zum Kussamüsieren
Und zum Präsentieren
Einer Haarpracht

Auf dem Kopfdach.
Andere schwören,
Auch zum Hören.
Vielleicht auch zum Kränken;
Doch das Denken
Müsse man sich dann schenken,
Wenn die Kopffassade
Bereits so viele Aufgaben habe.

*Ist das Glück
Billig,
Kommt es willig
Zurück*

16.
Zu großes Loch

Eine Wand
Fand
Keine Tür
Für
Ein nettes
Tete a tetechen
Mit der Natur
Oder dem Flur.
Da geschieht,
Dass ein Sieb
Vorbeischaut.
Die Wand glaubt
Ihren Augen nicht.
Von überall flutet Licht
In das löchrige Gefäß.
Bis jetzt
Kam die Wand sich verloren vor.
Nun stand das Tor
Und die Tür
Zur Welt vor ihr.
Durch tausend Löcher
Kommuniziert es sich besser
Mit der Außenwelt.
Deshalb bestellt
Sich die

Wand eine Artillerie,
Lässt sich Löcher verpassen.
Leider in solchen Ausmaßen,
Dass die Wand
Am Ende im Nirvana verschwand.

Fressen und Überleben
Ist den Tieren (vor-) gegeben.
Doch manche Menschen
Können tierisch gut denken.

17.
Dichte lichte Haare

Alles ist relativ!
Berief
Sich das Mondschaf,
Als es seinen lichten Haarschopf besah.
Es wurde ihm klar,
Zu wenig Haare
Zu haben
War nicht das Problem, es war bloß
Sein Kopf zu groß.

Die Reihen der Richter
Wurden immer lichter
Und zu guter Letzt
Gab's überall wieder das verständliche Recht.

18.

Beschilderter schwarzer Wald

An allen schwarzen Straßen
Wächst still ein Schilderwald.
Gedeiht so ohne Maßen,
Kein Schild gebietet halt.

Wer darf wie lange parken?
Und wer darf überhol'n?
Wer muss wie lange warten,
Braucht's Winter-Sommersohl'n?

Wer gibt und wer nimmt Vorfahrt?
Wer fährt und wer muss ruh'n?
Wie lange, dass man hier parkt?
Wer darf in dem Smog wohn'?

Es ist alles geregelt,
Ein jedes kleines Ding;
Dass der Verkehr flott segelt,
Der Schilderwald gewinnt.

*Wir sollten uns beim Denken
Öfter akrobatisch verrenken.*

19.
Gedankenliebe

Ich lege meine Blicke auf eine Mauer.
Schwemmt kein Regenschauer
Sie dahin,
Fangen sie deinen Schatten in
Einem goldenen Geschmeide,
Um deine
Gedanken
Zu mir zu tragen.
An allen Tagen
Werde ich vor dem Blumengarten
Auf ihre Botschaft warten.
Goldene Schmetterlinge
Werden sie mir mit Gesinge
Begleiten.
An ihren Seiten
Werden Maikäfer fliegen,
Bis sie in meinen Händen liegen
Werden.
Du bist mein ganzes Glück auf Erden.

Wir sollten beim Denken
Die
Fantasie
Nie
Beschränken.

20.

Endloskopfsteuerungeheuer

Der Bürger wurde dem Staat zu teuer.
Dieser beschloss eine Vogelsteuer
Einzuführen.
Ging jemand spazieren
Und erblickte dieses fliegende Tier,
Musste man dafür
Einen Dukaten bezahlen.
Waren
Die Vögel am Laufen und nicht am Fliegen,
Tat eine einzelne Dukate nicht genügen.
Für diese seltene Aktion
Musste man schon
Drei Dukaten hinblättern.
Waren die Vögel am Liederschmettern,
Kamen Lizenzgebühren dazu.
Ein singender Vogel auf einer Kuh
Kostete zehnmal so viel;
Und das Betrachten vom Balzspiel
Kostete schon einen halben Monatslohn.
Wer selbst einen Vogel hat,
Bekam keinen Kopfvogelrabatt,
Sondern musste stattdessen
Das Fünffache blechen.
Es war kein Wunder,
Dass es mit der Anzahl der Vögel steil runter

Ging.
Mancher Steuerflüchtling fing
Die Tierchen tausendfach
Und aß
Sie obendrein
Noch fein
Säuberlich im eigenen Haus
Auf Staatskosten auf.
Was blieb:
Ein Land ohne Vogelmusik.
Ein kaputtes Staatsgebilde.
Noch mehr Geld fehlte,
Denn dieser Vogelsteuerunsinn
Musste mit hohem Verlustgewinn
Vom riesigen Ordnungshüterherden
Überwacht werden.

Wir sollten beim (vorm) Denken

Nie

Die

Fantasie

Versenken.

21.
Der Lebensbetrug

Hänschen klein
Muss oft wein'n,
Eltern lassen ihn allein.
Der Beruf
Ist Betrug
An dem Kindheitsbuch.

Nach dem Trinken
Versinken
Trinker
Immer wieder.
Und es haut sie von den Socken,
Sind Sie auf dem Trockenen.

22.
Link zum Frühling

Sonnengegelbt
Das Weizenfeld.
Gischtbeschaumt
Der Meeressaum.
Grünbepackt
Das Blätterdach.
Duftbefloßt
Die Heckenros.'
Blütgeweißt
Das Lieschenfleiß.
Blaubeschuht
Das Veilchengut.
Rotgeglüht
Das Rosenbeet.
Aufgeblumt
Die Erdenkrum'.
Dunstverquoll'n
Die Winterscholl'n.
Aufgekleet
Der Sandweg.
Liedgefüllt
Das Frühlingsbild.

*Geld
Befällt
Die Welt,
Wie der Kuss
Von einem Virus*

23.
Um-Schreib-Unk

Gemadete Pflaumen
Gewurmte Launen
Gescannte Blumen
Gerädertes Bitumen
Gefilzte Stifte
Entpollte Lüfte
Geschuhtes Leder
Ent-highte Kleber
Beklonte Hühner
Vermessner Flieder
Entbogne Gurken
Strichcode Schurken
Beblaute Jeans
Bestraffte Kinns
Entsonnte Brille
Entkaufter Wille
Beschwarzte Gelder
Verdroschne Felder
Gegur(r)te Flieger
Beplatzte Mieder

Mit der Zeit
Kommt jede Wahrheit,
Oder es kracht
Und sie wird platt gemacht.

24.
Gegen-Leben

Der Tag hat die Nacht
Gebracht.
Der Frühling
Bringt
Den Herbst, das Herz
Bringt den Trennungsschmerz.
Das Licht bringt den Schatten,
Der Reifen den Platten.
Die Siegesware
Bringt die Niederlage.
Der Fleiß
Bringt den Verschleiß.
Der religiöse Glauben
Das geistige Rauben.
Die Sonne
Bringt die leere Regentonne.
Das Gras wirkt neu,
Doch bringt es welkes Heu.
Ein jeder hat einen eigenen Platz
Für den Gegensatz,
Sonst könnte es kein Leben
Geben.

Hinter mancher Hauswand
Verschwand
Schon jede nette
Etikette.

25.
Hand(un)Habe

Das Händegeben
Verschwand aus dem Leben,
Als Corona
Da
War.
Doch wie halten wir dann
Um eine Hand noch an?

*Wär' der Fisch nicht stumm,
Nähme man ihm Vieles krumm.*

26.
Irr(er)weg

Wir tasten uns auf der Tastatur
Nur
Durch ein künstliches Leben,
Das uns nie verstehen
Wird
Und uns dorthin führt,
Wohin wir nicht wollen,
Aber im Elektrosmog fortrollen.

Wir tasten uns auf der Tastatur

Kann ein stummer Fisch
Am Tisch
Ohne zu sprechen
Wörter vergessen?

27.
Fehlende Ge(gen)wehr

Ein Gewehr
Trug schwer
Daran,
Einen Mann
Erschossen zu haben.
Doch half kein Klagen,
Es musste bis zum Schluss
Schuss für Schuss
Gemäß Kriegswillen
Seinen Dienst (auf-) erfüllen.

*Die Trompete
Ist eine blecherne laute Flöte.*

28.

Überfülle

Könnten Blicke töten,
Geriet die Welt in Nöten
Ob der vielen Leichen,
Die ihren Weg begleiten.

Nach Unwetterregenmassen
Kann man sich auf den Straßen
Leider davontreiben lassen.

29.
Gefaltetes Leben

In der Klatschspalte
Geht's um jede Falte
Einer Diva.
Sie, die Falte, war
Im letzten Jahr
Noch nicht.
Das Gesicht
Noch nicht totenstarr.
Das Haar
Noch nicht blondiert.
Die Augen nicht Make-up verschmiert.
Ein anderer Lover
Auf dem Bett-Cover.
Wer meint,
Richtige Probleme scheint
Es auf der Welt nicht zu geben
Muss nur das Leben
Der verkrachten
VIPs betrachten.

*Vieles Kommentieren
Ist ein Abdekorieren.*

30.

Selbstbeleuchtung

Der Mensch braucht eine Brille,
Sonst sind die Augen stille.
Er braucht ein Hörgerät,
Damit sein Ohr mal sieht.
Er braucht die linke Hand
Ins Aug' zu streu'n den Sand.
Er braucht den runden Bauch
Für den Zigarrenrauch.
Auch braucht er seine Falten
Das Körperfett zu halten.
Er braucht die scharfen Krallen
Mit Nagellack zu malen.
Er braucht den großen Schlund
Um aufzutun den Mund.
Doch braucht er keinen Geist,
Der ihn zurechte weist.
Andre braucht er auch nicht:
Er is(s)t sein eigenes Licht.

Vieles Verschieben
Ist ein Sich-Selbst-Betrügen.

31.
Nachtstille

Leise weicht des Tages Licht,
Bricht
Die Nacht über uns.
Mit ihr fallen
Die Abendschatten über allem
Müden Leben.
Still schweben
Die Nachtsterne,
Das Gelärme
Der Welt zur Ruhe zu bringen.
In den Stimmen
Der fernen Nachtigall
Will es nun überall
Auf Erden
Leise werden.

Auf jedem Sonnenstrahl
Werden sich einmal
Glückliche Gedanken
In den Himmel ranken.

Inhaltsverzeichnis   nach Nummern

Biographie

Ich wurde in Berlin geboren. Nach dem Abitur in Berlin habe ich Medizin in Berlin und München studiert und war nach meinem Studium ca. 40 Jahre in der Medizin tätig. Seit Ende 2023 bin ich berentet. Während meiner Berufstätigkeit habe ich nebenher eine Reihe von Manuskripten verfasst, ein Jugendbuch, Kinderbücher, Romane und Gedichte.
Einige sind seitdem über einen Self-publishing-Verlag veröffentlicht worden.

Neben einer Reihe anderer Veröffentlichungen hat der Autor auch folgende Gedicht- und Prosabände veröffentlicht:

Uhlenspiegel bei den Schildbürgern
Uhle 1, Uhle 2, Uhle 3

Der Einzelkämpfer Uhlenspiegel, mit der Armee seiner schalkhaften Gedanken bewaffnet, trifft auf ein Dorf voller Schildbürger, die eher weniger oder sagen wir eher mit anderen Gedanken bewaffnet sind.
(Band 1 - 3)

Die Christyllische Weihnacht –
Weihnachten wie immer (und) anders

27 Kurzgeschichten mit je einem Bild, zu jedem Tag vom 1.-26. sowie 31. Dezember; sehr abwechslungsreiche Geschichten von Weihnachten im Kaufhaus, bei den Schildbürgern, in einem neuen Märchen, als Science-Fiction und Weihnachtsgeschichten zur Zeit der Geburt Jesu. So abwechslungsreich, dass für jeden und jedes Alter etwas dabei ist (auch in Englisch erhältlich.

Schwarzbart's kandidelte
Adventsgeschichten

Der alte Seekapitän erzählt fantastische Adventsgeschichten voller Fantasie, bereichert durch weihnachtliche Gedichte. Zu lesen wie ein Adventskalender.

Ein denkwürdiger Adventskalender

Das schönste am Fest war der Adventskalender. Jedes Jahr freute er sich auf diese verkleidete, geheimnisvolle süße Gabe. Draußen die bunten Bilder, die versteckten Türchen, Zahlen, die zwischen Engeln, Krippen und Weihnachtsmännern umherschwirrten. So war es jedes Jahr, aber dann stimmt irgendetwas nicht. Dies erzählt die Geschichte um einen ganz besonderen Adventskalender voller Überraschung.

Die Insel der Figuren

Ein kleines Mädchen in Japan bekommt zum Geburtstag von ihrem Vater eine Puppe geschenkt. Als das Mädchen älter ist, wird die Puppe in einem kleinen Boot auf die Wellen des Meeres gesetzt. Offensichtlich eine Tradition ins Erwachsenenalter.

Einige Zeit später reist ein anderes Mädchen ihrer verschwundenen Puppe hinterher, eine spannende abenteuerliche Reise mit einem ungewöhnlichen überraschenden Ende beginnt. (Fantasieroman)

Der kleine Mugu auf dem Noddelthron

Ein Jungen lebt in dem Land eines Königs. Eines Tages kommt ein Prahlhans in dieses Land. Er besitzt die Fähigkeit, die Gedanken anderer Menschen mit seinen wilden Haaren einzufangen. Der König wollte diese Fähigkeit erlernen und folgte dem Prahlhans. Ausgerechnet der kleine Junge Mugu gewann die Nachfolge des Königs und regierte das Land, in dem er viele Dinge auf den Kopf stellte. (Märchenroman)

Max abenteuerliche Reise zum Ich –
eine kurze weite Reise

Jugendroman, 112 Seiten, Max lebt in schwierigen sozialen Umständen, weder darüber, noch über den Grund wird in der Familie gesprochen. Langsam kommt Max selbst hinter das „Geheimnis" und lernt, sich trotzdem zur Familie zu bekennen. Auch als Schulbuch geeignet.

Manu's Reise mit dem Tod –
eine Fuge durch die Zeit

Roman, 256 Seiten, verschiedene Lebenslinien aus dem Leben einer Frau, fugenartig verwoben, Ereignisse des Todes in ihrem Leben und ein weiterer Handlungsstrang über verschiedene Rituale zur Zeit des Todes in verschiedenen Kulturen (auch in Englisch erhältlich „Manu´s Journey with Death").

GeGlichenes

Die folgende Sammlung in 4 Bänden enthält etwas über 60 Kurzgeschichten, jede Kurzgeschichte baut auf einer aus dem Neuen Testament stammenden Bibelstelle gleichnishaft auf und ist auf unsere Zeit übertragen. Zwischen den Geschichten findet sich jeweils ein Aphorismus oder ein Gedicht.

Tortellintauben - TierGdichte für Rwachsene
61 Tiergedichte als Spiegelbild menschlichen Verhaltens, wunderschön von Kinderhand illustriert.

Das Moooondschaaaaf
(monatlich durch das Jahr)

Für jeden Tag eines Monats ein Gedicht aus Sicht eines auf dem Mond lebenden Schafs, das humorvoll, kritisch, skeptisch und wiedererkennend unsere Erde beäugt; zwischen jedem Gedicht ein Aphorismus; mit passenden lustigen Bildern aus Kinderhand; auch als Geburtstagsgeschenk für den passenden Geburtstagsmonat geeignet.

Ostern- Gedichte zur Osterzeit

43 Gedichte mit christlichen Inhalten von Gründonnerstag bis zur Auferstehung Jesu, durchsetzt mit gedankenvollen Aphorismen.

Der erdenkliche Mensch - Das Du im Ich

55 Gedichte, dazwischen Aphorismen, die sich nachdenklich und kritisch mit liebgewonnenen menschlichen Verhalten auseinandersetzen.

Ein KESSEL Bunte GeDichte

Ein Kessel bunter Gedichte, unterbrochen von kurzen Aphorismen – eben wie in einem großen bunten Kessel, wenn es heißt: tüchtig rühren, Kelle rein, sich überraschen (pardon inspirieren) lassen, was auf den Teller kommt.

Hinter dunklen Himmelswolken
Gedichte in Zeiten der Trauer

74 Gedichte über Tod, Sterben, Hoffnung, Zuversicht, das Danach.

Aventsschilda
Die EULENde SPIEGEL-Weihnacht

Weihnachtsgeschichten mit und ohne Eulenspiegel in Schilda, bereichert durch weihnachtliche Gedichte. Zu lesen wie ein Adventskalender.